JUMP COMICS

NARUTO

-ナルト-

巻ノ四

英《えい》雄《ゆう》の橋《はし》!!

岸本斉史

主《おも》な登《とう》場《じょう》人《じん》物《ぶつ》

うずまきナルト

目《め》立《だ》ちたがり屋《や》、意《い》外《がい》性《せい》
No.1《ナンバー》のドタバタ忍者《にんじや》

うちはサスケ

うちは一族《いちぞく》の末裔《まつえい》。クールな奴《やつ》。一族《いちぞく》の復興《ふつこう》が夢《ゆめ》。

春《はる》野《の》サクラ

おしゃまな女忍者《おんなにんじや》。頭《あたま》の中《なか》はサスケの事《こと》で一杯《いつぱい》♡

前巻《ぜんかん》までのあらすじ

木《こ》ノ葉《は》隠《がく》れの里《さと》、忍術学校《にんじゅつがっこう》の問題児《もんだいじ》だったナルトはサスケ、サクラとともに晴《は》れて忍《にん》者《じゃ》の仲間《なかま》入《い》りを果《は》たした。

下忍《げにん》(見習《みなら》い忍者《にんじゃ》)になったナルトたちに大仕事《おおしごと》の依頼《いらい》が来《き》た。ナルトたちは波《なみ》の国《くに》に戻《もど》る橋作《はしづく》りの名人《めいじん》、タズナの護衛《ごえい》にあたることになった。しかしタズナは悪徳商人《あくとくしょうにん》、ガトーに命《いのち》を狙《ねら》われていた。ガトーの命《めい》を受《う》けた再不斬《ザブザ》と白《ハク》がナルトたちに迫《せま》る！カカシの写輪眼《しゃりんがん》に敗《やぶ》れたかに見《み》えた再不斬《ザブザ》は生《い》きていた！橋《はし》の上《うえ》でカカシＶＳ《バーサス》再不斬《ザブザ》、白《ハク》ＶＳ《バーサス》サスケ＆《アンド》ナルトの死闘《しとう》が始《はじ》まった！白《ハク》の秘術《ひじゅつ》、魔鏡氷晶《まきょうひょうしょう》の中《なか》、ナルトをかばったサスケが倒《たお》れた…。

NARUTO

－ナルト－

巻ノ四

英雄《えいゆう》の橋《はし》!!

もくじ

🐾《ナンバー》28：九尾《きゅうび》…!!

《ナンバー》28：九《きゅう》尾《び》…!!

……有《あ》り得《え》ない……!!
チャクラが具《ぐ》現《げん》化《か》するなんて!
……そう それに 何《なん》て 醜悪《しゅうあく》な チャクラ……!!
シュウウ
ウウ
ウウ
!
……手《て》の傷《きず》が……!! みるみる治《ち》癒《ゆ》している……
こ… この少年《しょうねん》 一体《いったい》 何者《なにもの》……!!
ゴゴゴゴ
!!

!!
!
………!!
再不斬《ザブザ》の奴《やつ》か…!?
!!
違《ちが》う!
この禍々《まがまが》しいチャクラは かつて…まさか…!!

何《なん》だ!? このチャクラは… イヤな感《かん》じだ…
カカシ…!?
いや… カカシにしちゃ デカ過《す》ぎる ……誰《だれ》だ!?
ナルト…!!
何《なん》てこった こんな時《とき》に! もしかして…
封印《ふういん》が解《と》けたのか!?
!
………
……この感《かん》じ…!
助《たす》かった! まだ 完全《かんぜん》には 解《と》けていない!
…が 封印《ふういん》がはずれかけて 九尾《きゅうび》のチャクラが 漏《も》れ出《だ》していることは 確《たし》かだ!!

シュルルル
ピシ
グリ
パシィ
クチャ
ギュ
今《いま》なら まだ 間《ま》に合《あ》う!!
聞《き》こえるか… 再不斬《ザブザ》…
……お互《たが》い 忙《いそが》しい身《み》だ…

お前《まえ》の流儀《りゅうぎ》には反《はん》するだろーが
楽《たの》しむのはやめにして…
シュルルル
パシュ!
バ
次《つぎ》で白黒《しろくろ》つけるってのはどうだ!
ゴゴゴゴ
フン…面白《おもしろ》い…!
この状況《じょうきょう》でお前《まえ》に何《なに》が出来《でき》るのか……
カカシ…見《み》せてもらおう!

キッ!!
来《く》る!!
ザッ

何《なん》て殺意《さつい》だ!!
さっきまでのあの子《こ》とは違《ちが》う!!
カッ
ドシュ!!
何《なに》っ…!
チャクラで吹《ふ》き飛《と》ばした!?
!
キョロ

クルクル
ドカ
ガガガガガ
マズイ
次《つぎ》の鏡《かがみ》へ
……!!
ザッ

そんなっ!!

うぉおおお
おおおおおっ!!
ミシ
ピシ

！
ダメだ…!!
ピシ
この気《き》…
押《お》さえきれない!!
痛《っ》っ…
キリキリ
クッ…
!!
グッ
ギロ

ドガガザガ
ピシ
ガガグ

ピシ
ピシ
ピシ
パラ
パラ
パラ
パラ
パラ
…再不斬《ザブザ》さん……
パラ
!!

ダッ
…ボクは……
この子《こ》には敵《かな》いません……

パラ
再《ザ》不《ブ》斬《ザ》さん……

[岸本斉史《きしもとまさし》のボツマンガ特集《とくしゅう》No.《ナンバー》1]

左《ひだり》のカットはボクがホップ☆ステップ賞《しょう》を受賞《じゅしょう》してすぐ後《あと》に描《か》いた『道《みち》くさ』というどうしようもないボツマンガです。

あらすじは小学生《しょうがくせい》アキラとその友達《ともだち》、カッチンとカオルが学校《がっこう》からの帰《かえ》り道《みち》、ふとサイフを拾《ひろ》うことから始《はじ》まり、そのサイフのお金《かね》を私利私欲《しりしよく》の為《ため》に使《つか》ってしまった３人《にん》がドタバタに巻《ま》き込《こ》まれていくという…よく分《わ》からん少年《しょうねん》誌《し》らしからぬ地味《じみ》な話《はなし》でして…、いきなり**ボツ!!**

ボクが初《はじ》めてボツを経験《けいけん》したマンガです。いやしかし…この頃《ころ》は青《あお》かった!

この時《とき》、ボクは初《はじ》めてのボツに喜《よろこ》びさえ感《かん》じていました。何故《なぜ》なら、よくマンガ家《か》さんのコメントなんかで「ボツをくらって大変《たいへん》だ」とか「昔《むかし》はこんなの描《か》いてボツになった」とか、そういう「マンガ家《か》してる」感《かん》じがひしひしと感《かん》じられるものがボクにとって**ボツ!!**の2文字《もじ》の響《ひび》きだったからです。

だからよく友達《ともだち》に「オレまたボツくらっちまったよ!」と自慢気《じまんげ》に言《い》っていました。けど今《いま》は成長《せいちょう》しました。

……ボツは大《だい》キライです!!(笑《わらい》)

29《ナンバー》：
大切《たいせつ》な人《ひと》…!!

再不斬《ザブザ》さん…
ボクは…
ボクは…
ポタ

お…お前《まえ》は…あン時《とき》の…!!
……
何故《なぜ》止《と》めたんです…
……

君《きみ》は 大切《たいせつ》な仲間《なかま》を ボクに殺《ころ》されて おいて…
ボクを 殺《ころ》せないんですか
クワッ!!
ドザッ
ガハッ

さっきまでの勢《いきお》いはどうしたんです…そんな力《ちから》じゃあボクは殺《ころ》せませんよ…
ムク
!
ハァ
……君《きみ》には大切《たいせつ》な人《ひと》がいますか?
ボクは大切《たいせつ》な人《ひと》を護《まも》りたい…その人《ひと》の夢《ゆめ》を叶《かな》えたい…
それがボクの夢《ゆめ》
よく勘違《かんちが》いをしている人《ひと》がいます
倒《たお》すべき敵《てき》を倒《たお》さずに情《なさ》けをかけた…
命《いのち》だけは見逃《みのが》そう…などと
知《し》っていますか
夢《ゆめ》もなく…誰《だれ》からも必要《ひつよう》とされず…
ムク
ただ生《い》きることの苦《くる》しみを

………何《なに》が言《い》いたいんだ
再不斬《ザブザ》さんにとって弱《よわ》い忍《しのび》は必要《ひつよう》ない…
君《きみ》は ボクの存在理由《そんざいりゆう》を奪《うば》ってしまった
ニコ
!!
人《ひと》は大切《たいせつ》な何《なに》かを守《まも》りたいと思《おも》った時《とき》に本当《ほんとう》に強《つよ》くなれるものなんです
なんで……
何《なん》で あんな奴《やつ》のために…
悪人《あくにん》から金《かね》もらって悪《わる》いことしてる奴《やつ》じゃねーか!!
お前《まえ》の大切《たいせつ》な人《ひと》って あんな眉無《まゆな》し1人《ひとり》だけなのかよォ!!
………

……
ずっと昔《むかし》にも…大切《たいせつ》な人《ひと》がいました…
!
ボクの…
………
両親《りょうしん》です
!
………
ボクは霧《きり》の国《くに》の雪深《ゆきぶか》い小《ちい》さな村《むら》に生《う》まれました
幸《しあわ》せだった…本当《ほんとう》に優《やさ》しい両親《りょうしん》だった

…でも
ボクが物心《ものごころ》ついた頃《ころ》…
ある出来事《できごと》が起《お》きた
……出来事《できごと》…？
一体《いったい》何《なに》が…
………
この血《ち》…
……血《ち》い…!?
…………
だから…
だから何《なに》が起《お》きたんだってばよ!?

父《ちち》が母《はは》を殺《ころ》し
そして ボクを殺《ころ》そうとしたんです
え？
絶《た》え間《ま》ない内戦《ないせん》を経験《けいけん》した霧《きり》の国《くに》では血継限界《けっけいげんかい》を持《も》つ人間《にんげん》は忌《い》み嫌《きら》われて来《き》ました
ケッケイゲンカイ…!?
ボクのような特別《とくべつ》な能力《のうりょく》を持《も》つ血族《けつぞく》のことです
その特異《とくい》な能力《のうりょく》のためその血族《けつぞく》は様々《さまざま》な争《あらそ》いに利用《りよう》されたあげく…
国《くに》に災厄《さいやく》と戦禍《せんか》をもたらす汚《けが》れた血族《けつぞく》と恐《おそ》れられたのです
戦後《せんご》…その血族達《けつぞくたち》は自分《じぶん》の血《ち》のことを隠《かく》して暮《く》らしました
その秘密《ひみつ》が知《し》られれば 必《かなら》ず〝死《し》〟が待《ま》っていたからです
おそらくあの少年《しょうねん》も辛《つら》い思《おも》いをしてきたハズです
特異《とくい》な能力者《のうりょくしゃ》とはそれほどに恐《おそ》れられるのです

一族《いちぞく》の復興《ふっこう》と ある男《おとこ》を 必《かなら》ず… 殺《ころ》すことだ
……ボクの母《はは》は 血族《けつぞく》の人間《にんげん》でした
それが 父《ちち》に 知《し》られて しまった…
気《き》づいたとき ボクは 殺《ころ》して いました… ……実《じつ》の父《ちち》をです!!
………
そして その時《とき》 ボクは
自分《じぶん》のことを こう思《おも》った…
いや… そう思《おも》わざるを 得《え》なかった
そして それが一番《ばん》 辛《つら》いことだと 知《し》った……
一番《ばん》… 辛《つら》いこと?
自分《じぶん》が この世《よ》に まるで…
必要《ひつよう》と されない存在《そんざい》 だということ です

オレと…同《おな》じだってばよ…
!!
君《きみ》は　ボクにこう言《い》いましたね…
里一番《さといちばん》の忍者《にんじゃ》になってみんなに認《みと》めさせてやると
もし　君《きみ》を心《こころ》から認《みと》めてくれる人《ひと》が現《あら》われた時《とき》…
その人《ひと》は　君《きみ》にとって最《もっと》も大切《たいせつ》な人《ひと》になりえるはずです
…再不斬《ザブザ》さんはボクが　血継限界《けっけいげんかい》の血族《けつぞく》だと知《し》って拾《ひろ》ってくれた
誰《だれ》もが嫌《きら》ったこの血《ち》を…好《この》んで必要《ひつよう》としてくれた…

今日《きょう》から お前《まえ》の血《ち》は オレのものだ
ついて来《こ》い!
!!
嬉《うれ》しかった…!!
白《ハク》…残念《ざんねん》だ… 今宵《こよい》限《かぎ》り オレは この国《くに》を捨《す》てるつもりだ…
しかし…! 必《かなら》ず オレはこの国《くに》に帰《かえ》ってくる… この国《くに》を手中《しゅちゅう》にしてみせる!!
そのために必要《ひつよう》なのは 慰《なぐさ》めや 励《はげ》ましじゃあない… 本当《ほんとう》に必要《ひつよう》なのは…
分《わ》かっています…

安心《あんしん》して下《くだ》さい……ボクは再不斬《ザブザ》さんの武器《ぶき》です…
言《い》いつけを守《まも》るただの道具《どうぐ》としてお側《そば》に置《お》いて下《くだ》さい
フッ…
いい子《こ》だ…
すみません…再不斬《ザブザ》さん…ボクは あなたの求《もと》めた武器《ぶき》にはなれなかった
ナルト君《くん》…
ボクを…
殺《ころ》して下《くだ》さい
！

バッ
バッ
バッ
バッ
バン
忍《にん》法《ぽう》
口《くち》寄《よ》せ！
土《ど》遁《とん》
追《つい》牙《が》の術《じゅつ》！！
メリ
メリ
メリ
メリ

フン
何《なに》をやっても
意味《いみ》ねーぜ
お前《まえ》には
オレの気配《けはい》は
全《まった》く摑《つか》めていない
だが オレは
お前《まえ》のことは
手《て》に取《と》るように
分《わ》かる…
カカシ…
お前《まえ》は 完璧《かんぺき》に
オレの術中《じゅっちゅう》に
はまった
!!
ゴゴゴゴゴ
ん！
ドゴン
くっ！

ザッ
ガ
ブ
ボフッ
ガギン
!!!!
ブ
ガ
!
な…なんじゃあの音《おと》は
目《め》でも耳《みみ》でもダメなら
鼻《はな》で追《お》うまでのこと

ド
ぐっ…
霧《きり》の中《なか》で
目《め》なんか
つむっているから
そうなる…
これは
追尾専用《ついびせんよう》の
口寄《くちよ》せの術《じゅつ》だ

オレが お前《まえ》の攻撃《こうげき》を・・・わざわざ 2度《ど》も血《ち》を流《なが》して止《と》めたのも このためだ…
くっ…
お前《まえ》の武器《ぶき》には オレの血《ち》の臭《にお》いが べったりとついてる
そいつらは オレのかわいい 忍犬《にんけん》たちでね
どの犬《いぬ》より 鼻《はな》が効《き》く 術中《じゅっちゅう》に はまってたのは お前《まえ》の方《ほう》だ
ぐっ…
もはや 霧《きり》は晴《は》れた
お前《まえ》の 未来《みらい》は死《し》だ

[岸本斉史《きしもとまさし》のボツマンガ特集《とくしゆう》No.《ナンバー》2]

この左《ひだり》のネームも見事《みごと》にボツをくらった『アジアンパンク』という超《ちよう》どうしようもないボツマンガです。
あらすじは、はっきりいってありがちなゴーストバスターズ…みたいなやつでして…。
ゴースト（邪気《じやき》）を扱《あつか》う悪《わる》い風水師《ふうすいし》をでっかいオノを持《も》った子供《こども》の主人公《しゆじんこう》がやっつけるというお話《はなし》で、主人公《しゆじんこう》は実《じつ》は人間《にんげん》でなく、ある特別《とくべつ》な存在《そんざい》によって造《つく》られた…とまぁ、これ以上《いじよう》語《かた》ってもどうしようもないので、この辺《へん》でやめときますが…。
このマンガにしろ、受賞作《じゆしようさく》『カラクリ』にしろ、『NARUTO《ナルト》』にしろ、ボクの描《か》くマンガは全《すべ》て子供《こども》の少年《しようねん》が主人《しゆじん》公《こう》ばっかだなと改《あらた》めて思《おも》います。やっぱり少年《しようねん》ヒーローマンガが今《いま》でも大好《だいす》きなんだよなぁ…。

《ナンバー》30：
お前《まえ》の未来《みらい》は…!!

オレの未来《みらい》が死《し》だと…
お前《まえ》のハッタリはもういい
強《つよ》がるな…
この状況《じょうきょう》でお前《まえ》は どうすることもできないよ
お前《まえ》の死《し》は確実《かくじつ》だ
再不斬《ザブザ》…
少《すこ》しはしゃぎ過《す》ぎたな

………
お前《まえ》の野望《やぼう》は大《おお》きすぎた…
霧《きり》の国《くに》を抜《ぬ》け“抜《ぬ》け忍《にん》”となったお前《まえ》の名《な》はすぐに木《こ》ノ葉《は》にも伝《つた》えられたよ…
水影暗殺《みずかげあんさつ》…そしてクーデターに失敗《しっぱい》したお前《まえ》は数人《すうにん》の部下《ぶか》とともに野《や》へ下《くだ》った……と…
報復《ほうふく》のための資金作《しきんづく》りそして“追《お》い忍《にん》”の追討《ついとう》から逃《のが》れるため…そんな所《ところ》だろう
ガトーのような害虫《がいちゅう》にお前《まえ》が与《くみ》したのは…
ゴゴゴゴ
ゴゴゴ

雷《らい》切《きり》!!
なっ…
何《なん》だ!!
!!
チリ チリ
チャクラが手《て》に…
目《め》に見《み》えるほど…
お前《まえ》は
危険《きけん》すぎる…
お前《まえ》が
殺《ころ》そうとしている
タズナさんは
この国《くに》の〝勇気《ゆうき》〟だ
タズナさんの
架《か》ける橋《はし》は
この国《くに》の〝希望《きぼう》〟だ

お前《まえ》の野望《やぼう》は 多《おお》くの人《ひと》を 犠牲《ぎせい》にする
そうゆうのは… 忍《しのび》のやることじゃあ ないんだよ
…そんなこと知《し》るか… オレは理想《りそう》のために 闘《たたか》ってきた…
そして それは これからも変《か》わらん!!
もう一度《ど》 言《い》う
あ!?
あきらめろ…

お前《まえ》の未来《みらい》は死《し》だ
早《はや》く殺《ころ》して下《くだ》さい
何《なに》を躊躇《ちゅうちょ》しているんです…
！
くっ…!!

納得《なっとく》いかねえ!!強《つよ》いやつでいるってことだけが…
お前《まえ》がこの世《よ》にいていいっていう理由《りゆう》なのかよ!!
………
闘《たたか》うこと以外《いがい》でだって何《なん》だって…
他《ほか》の何《なに》かで自分《じぶん》を認《みと》めさせりゃよかったはずだろ……
………
君《きみ》と森《もり》で会《あ》った日《ひ》…君《きみ》とボクは似《に》ていると…そう思《おも》いました
君《きみ》にも分《わ》かるはずです…
!
君《きみ》の手《て》を汚《よご》させることになってすみません…
それしか…!
それしか方法《ほうほう》はねーのか…

ハイ…!!
……
……
キッ
シュ!
君《きみ》は…
夢《ゆめ》をつかみ取《と》って下《くだ》さい…
パシィ

……あいつにも……
……サスケにも夢《ゆめ》があったんだ……
……お前《まえ》とは他《ほか》の所《ところ》で会《あ》ってたら友達《ともだち》になれたかもな
グッ
ダッ
君《きみ》は強《つよ》くなる
ありがとう

ん…
超濃《ちょうこ》かった霧《きり》が…だんだん晴《は》れてきたぞ…
！
あそこに2人《ふたり》！
にらみ合《あ》ってるみたいだけど…
よく見《み》えんな…
どっちがカカシ先《せん》…
!!
あっ!!
動《うご》いたっ!!

ウぉおお
おおおっ!!
!!
!!

!!
えっ!?
ごめんなさい
ナルト君《くん》!
バッ
バッ
バッ
ボクは まだ
死《し》ねません!!

!!!
え？
ガッ
パキ
パキ
パキ
パキキ

!!
ズガシャ
キャ!!
な…
なんじゃ!!

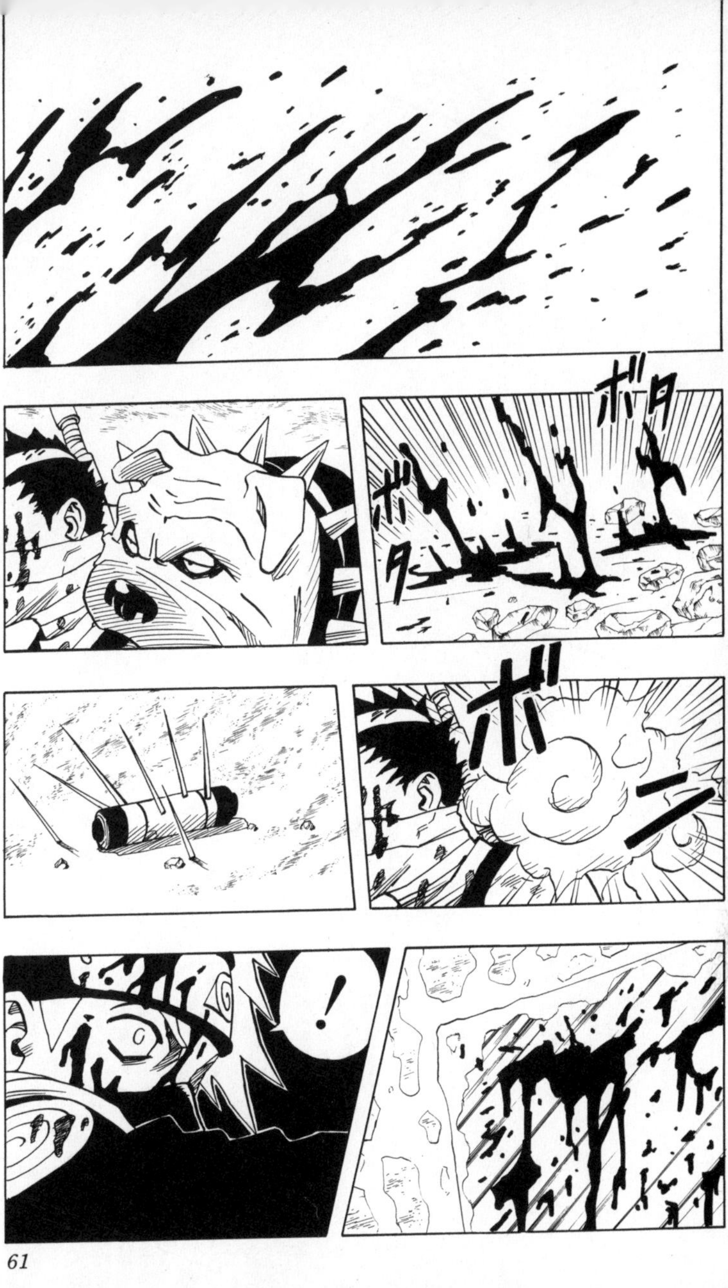
ボタ
ボタ
ボン
!

ズズ

ゴフッ
!
ザ…再不斬《ザブザ》さん……
!
…オレ様《さま》の未来《みらい》が死《し》だと…
クク…またはずれたなカカシ
ニヤ

《ナンバー》31：それぞれの戦《たたか》い…!!

ドン ドン
ギイチのおじちゃん!!
ここ開《あ》けてよ!!
ドン ドン
一緒《いっしょ》に橋《はし》に行《い》ってよ!!
今度《こんど》こそみんなでやればガトーたちをやっつけられるよ!!
ハァ
ハァ
すまん… イナリ
ワシらは もう戦《たたか》うことをやめたんじゃ…

お前《まえ》の親父《おやじ》だって……
英雄《えいゆう》と呼《よ》ばれた男《おとこ》だってもういない
!
戦《たたか》おうとすれば 多《おお》くの犠牲《ぎせい》が出《で》る
大切《たいせつ》なものはもう失《うしな》いたくない
もう誰《だれ》も後悔《こうかい》したくないんじゃ
…………
……ボクだって後悔《こうかい》したくないよ
…………
だから……
戦《たたか》わなきゃ
男《おとこ》なら後悔《こうかい》しない生《い》き方《かた》を選《えら》べ…
…ボクは母《かあ》ちゃんもじいちゃんもギイチのおじちゃんも……
町《まち》のみんなが好《す》きだ…
…………

泣《な》き虫《むし》のまんまじゃ……
ザッ
なんにも守《まも》れやしないんだってもう 分《わ》かったんだ
ダッ
………
イナリは立派《りっぱ》な男《おとこ》になったね…
いいのかいイナリをこのまま一人《ひとり》行《い》かせて
ダメよ! 一人《ひとり》で 橋《はし》に行《い》くなんて
町中回《まちじゅうまわ》ったけど誰《だれ》も一緒《いっしょ》に来《き》てくれないんだしょうがないよ
だからって……
クィ

あなたは まだ子供《こども》なのよ!
テク
テク
ボクは まだ子供《こども》だけど…
戦《たたか》うことがどーいうことかは知《し》ってるよ
ボクは 父《とう》ちゃんの息子《むすこ》だから
………
イナリ待《ま》ちなさい!
ガチャ
!
あいつ……
キョロ
キョロ
どこへ!?
!
よく見《み》たら…いつのまにか霧《きり》が晴《は》れてきてるってばよ…

ん!?
あそこか!?
ダッ
ハァ
ハァ
ハァ
!!
ど……
どーゆーことだってばよ…コレ?
パシャッ

あれは
お面《めん》の少年《しょうねん》
……!?
グッ
再不斬《ザブザ》をかばって
飛《と》びこんでくる
とは……
……
……
クク
見事《みごと》だ
……白《ハク》
!
……
この子《こ》……

もう……
死《し》んでる
ガッ
!
この子《こ》ごと
オレを斬《き》る
つもりか

!!
カカシ先生《せんせい》!!
言《い》いつけを守《まも》る
ただの道具《どうぐ》として
お側《そば》に置《お》いて下《くだ》さい
まったくオレは
よくよくいい拾《ひろ》いもの
をしたもんだ
最後《さいご》の最後《さいご》で
こんな好機《チャンス》を与《あた》えて
くれるとは!!
ドクン

クク…白《ハク》が死《し》んで動《うご》けたか
ザッ
許《ゆる》せねェ……
ギリ
ナルト…お前《まえ》はそこで見《み》てるんだ
!
スッ‥

こいつはオレの戦《たたか》いだ!!
!
……ナルト…?
ナルトォー!!!
無事《ぶじ》だったのねー!!
サクラちゃん!!

あれ？
サスケ君《くん》は？
!!
ナルト!! サスケ君《くん》はどこなのォ!!!
ドキン
………
？
……
……
ダッ!
!!
カカシ! よそ見《み》してる暇《ヒマ》はねーぞ!!

ガッ
ぐふっ
!
ピクピク
……ワシも一緒《いっしょ》に行《い》こう
そうすれば先生《せんせい》の言《い》いつけを破《やぶ》ったことにはならんじゃろ
スッ
……
うん
ダッ

ザッ
!!

ズッ
……冷《つめ》たい……
…これは もう 幻術《げんじゅつ》じゃ… ないのね…
わしの前《まえ》だからって 気《き》にすることはない… こういう時《とき》は 素直《すなお》に 泣《な》いたらええ…
…私《わたし》…
いつも 忍者学校《にんじゃがっこう》の テストで100点《てん》 取《と》ってた…
!
100以上《いじょう》もある忍《しのび》の心得《こころえ》を 全部《ぜんぶ》覚《おぼ》えてて… …いつも得意《とくい》げに 答《こた》えを… 書《か》いてた…
…… ある日《ひ》のテストで こんな問題《もんだい》が 出《で》たの……
……!
〝忍《しのび》の心得《こころえ》 第《だい》25項《こう》を 答《こた》えよ〟って…
…… それで私《わたし》は いつものように その答《こた》えを 書《か》いたわ
!?

…〝忍《しのび》は　どのような
状況《じょうきょう》においても感情《かんじょう》を
…表《おもて》に出《だ》すべからず…
任務《にんむ》を第一《だいいち》とし…
何《なに》ごとにも　涙《なみだ》を…
見《み》せぬ心《こころ》を持《も》つべし〟って…
ポタ
ポタ
うっ
うっ
………
これが…
これが　忍《しのび》という
ものか…
あまりにも
つらい…
サスケ君《くん》…
うわ――!!
グッ

ハァ
ハァ
ハァ
ハァ
どうしてだ…なぜ…ついていけない……
ダッ
くそ!!
くっ…
ラアッ

ガッ
スッ
ガッ
!!
今《いま》のお前《まえ》では
オレには
勝《か》てないよ
なんだとォ!
お前《まえ》は
気付《きづ》いていない……
…ククッ
さーて
どうなったか…
ザッ
コッ

クル
クル
パシッ
!!
32《ナンバー》：忍《しのび》という名《な》の道具《どうぐ》
さよならだ
鬼人《きじん》よ！
シュッ
！
！

🐾《ナンバー》32：忍《しのび》という名《な》の道具《どうぐ》

ぐっ
ピッ
!
ガガン
……
ぶらん
ボタ
ボタ
これで両腕《りょうで》が使《つか》えなくなったな
印《いん》も結《むす》べないぞ
くっ……
おーおー……
ハデにやられてェ
コッ
がっかりだよ………
!

ザザーン
再不斬《ザブザ》
ゾロ
ゾロ
…ガトー
どうしてお前《まえ》がここに来《く》る… …それに何《なん》だ… その部下《ぶか》どもは!?
……こいつが……
ククク 少々《しょうしょう》作戦《さくせん》が変《か》わってねェ……
──と 言《い》うよりは 初《はじ》めから こうするつもりだったんだが……
再不斬《ザブザ》 お前《まえ》には ここで死《し》んでもらうんだ
何《なん》だと?
お前《まえ》に金《かね》を支払《しはら》うつもりなんて初《はじ》めから毛頭《もうとう》ないからねェ…

……正規《せいき》の忍《しのび》を里《さと》から雇《やと》えばやたらと金《かね》がかかる上《うえ》裏切《うらぎ》れば面倒《めんどう》だ…そこでだ…
あとあと処理《しょり》のしやすいお前《まえ》たちのような抜《ぬ》け忍《にん》をわざわざ雇《やと》ったのだ
他流忍者同士《たりゅうにんじゃどうし》の討合《うちあ》いで弱《よわ》ったところを数《かず》でもろとも攻《せ》め殺《ころ》す……
金《かね》のかからんいい手《て》だろう?
ま一《ひと》つだけ作戦《さくせん》ミスがあったといえばお前《まえ》だ…再不斬《ザブザ》
霧隠《きりがく》れの鬼人《きじん》が聞《き》いてあきれるわ私《わたし》から言《い》わせりゃあなんだ…
クク ただのかわいい…
小鬼《こおに》ちゃん…ってとこだなァ
今《いま》のお前《まえ》ならすぐ ぶち殺《ころ》せるぜェ!!
なんだぁ あいつらってば…
スゲー数《かず》だ…

カカシ…すまないな……
ガハハ
!!
闘《たたか》いはここまでだ
オレにタズナを狙《ねら》う理由《りゆう》がなくなった以上《いじょう》
お前《まえ》と闘《たたか》う理由《りゆう》もなくなったわけだ
ああ……
え?
ハハハ
そうだな
ギャハハハ
ハハハハ
……そういえば
!
!
テクテク
ガッ
こいつにはカリがあった
コツ
コツ

私《わたし》の腕《うで》を折《お》れるまで握《にぎ》ってくれたねェ…
ツン
くっ
死《し》んじゃってるよコイツ
てめー！　なにやってんだってばよォ　コラァ!!
ダッ
コラ！　あの敵《てき》の数《かず》を見《み》ろ　うかつに動《うご》くな！
ぐオ!!
ガッ
お前《まえ》も何《なん》とか言《い》えよ　仲間《なかま》だったんだろ!!

だまれ 小僧《こぞう》
白《ハク》は もう 死《し》んだんだ
!!
なっ…
あんなこと されて 何《なん》とも 思《おも》わねェのかよォ!!
お前《まえ》ってば ずっと一緒《いっしょ》だったんだろ!!
……ガトーが オレを利用《りよう》したように… オレも 白《ハク》を利用《りよう》してただけのことだ…
言《い》ったはずだ… 忍《しの び》の世界《せかい》には 利用《りよう》する人間《にんげん》と 利用《りよう》される人間《にんげん》の どちらかしか いない
オレたち忍《しのび》は ただの道具《どうぐ》だ オレが欲《ほ》しかったのは あいつの血《ち》で あいつ自身《じしん》じゃない
未練《みれん》は ない…
お前《まえ》ってば…
………
本気《ほんき》で そう言《い》ってんのか…
!
バシ
やめろ ナルト! もう こいつと 争《あらそ》う必要《ひつよう》は ない…
……それに

うるせェー!!
オレの敵《てき》は まだ・こいつだァ!!!
ハァ
ハァ
ハァ
………
なんだァ? あのガキは…… さっきから うるせーな……
ピッ
あいつは………
あいつは お前《まえ》のことが ホントに 好《す》きだったんだぞ!!

君《きみ》には大切《たいせつ》な人《ひと》がいますか
あんなに大好《だいす》きだったんだぞ!!
人《ひと》は 大切《たいせつ》な何《なに》かを守《まも》りたいと思《おも》った時《とき》に本当《ほんとう》に強《つよ》くなれるものなんです
……
それなのにホントに何《なん》とも思《おも》わねーのかァ!!
ボクにとって…忍《しのび》になりきることは難《むずか》しい
ホントに… お前《まえ》は何《なん》とも思《おも》わねーのかよォ!!?
その人《ひと》の夢《ゆめ》を叶《かな》えたい…
そのためならボクは忍《しのび》になりきる
お前《まえ》みたいに強《つよ》くなったら…ホントにそうなっちまうのかよォ!!

あいつは
お前《まえ》の為《ため》に
命《いのち》を
捨《す》てたん
だぞ!!
その人《ひと》の夢《ゆめ》を
叶《かな》えたい
それが
ボクの夢《ゆめ》
自分《じぶん》の
夢《ゆめ》も見《み》れ
ねーで
……
嬉《うれ》しかった…!
道具《どうぐ》として
死《し》ぬなんて
……
そんなの…
つらすぎる
ってばよォ
……
………
小僧《こぞう》
ポロ
ポロ

……それ以《い》上《じょう》は……
ポロ
何《なに》も言《い》うな……
ポロ
………

小僧《こぞう》…
……!
白《ハク》は…あいつはオレだけじゃない
お前《まえ》らの為《ため》にも心《こころ》を傷《いた》めながら闘《たたか》ってた… オレには分《わ》かる
ガジ
ブチ
あいつは優《やさ》しすぎた
!?
……最後《さいご》にお前《まえ》らとやれて良《よ》かった
……そう… 小僧《こぞう》 結局《けっきょく》はお前《まえ》の言《い》う通《とお》りだった…
……え?
!
忍《しのび》も人間《にんげん》だ… 感情《かんじょう》のない道具《どうぐ》にはなれないのかもな……
オレの負《ま》けだ……
……
パラパラ
小僧《こぞう》 クナイを貸《か》せ!
!!
え? あ…
スッ
うん…

ダッ
なっ…
ガッ
もういい
お前《まえ》らあいつらを
やってしまえ!!
まかせたぞ
オオ!!
ダダダッ
この人数《にんずう》を相手《あいて》に
深手《ふかで》を負《お》った
忍者《にんじゃ》が一人《ひとり》で
勝《か》てると
思《おも》ってんの…

!
お…
鬼《おに》だ!!

ドス
いい加減《かげん》に死《し》ね!!
ドガドス

そ…そんなに…
仲間《なかま》のもとへ…
行《い》きたいなら
お前《まえ》一人《ひとり》で…
行《い》け…
あいにくだが…
オレは…白《アイツ》と
同《おな》じ…ところへ
行《い》くつもりは…
ねぇ…
な…なんだと…
強《つよ》がりおって…
くっ…
フッ
………
てめーは…
オレと一緒《いっしょ》に…
地獄《じごく》へ…
行《い》くんだよォ!!
大《たい》したことねェ…
霧隠《きりがく》れの鬼人《きじん》も
……
死《し》んで地獄《じごく》なら
本物《ほんもの》の鬼《おに》に
なれるぜ…
ズボッ
ぐっ
ひぃっ
楽《たの》しみにしとけ!
小鬼《こおに》ちゃんか
どうか 地獄《じごく》で
たっぷり確《たし》かめ
させてやるよォ!!
!!

ドン
うわあっ!!
ガッ
ガッ
ドザッ
ゴクッ
………

ギロ
ヒイ!!
フラ
ずっと
お側《そば》に置《お》いて下《くだ》さい
もう…
さよならだよ
白《ハク》…
今《いま》まで
ありがとう…
悪《わる》かったなあ…

[岸本斉史《きしもとまさし》のボツマンガ特集No.《とくしゅうナンバー》3]

またまた、この左《ひだり》のネームもボツをくらってしまった『野球王《やきゅうおう》』という安直《あんちょく》なネーミングの野球漫画《やきゅうまんが》です。
自分自身《じぶんじしん》、学生時代野球《がくせいじだいやきゅう》をやっていたこともあって、急《きゅう》きょ野球《やきゅう》モノで狙《ねら》ってみようと…。
この頃《ころ》は、少年《しょうねん》ヒーローもののネームをいくら描《か》いてもOK《オーケー》が出《で》ないって状況《じょうきょう》もあって、じゃあスポーツで行《い》こうと思《おも》い立《た》ったワケです。
でも実際《じっさい》に描《か》いてみると、自分自身《じぶんじしん》が体験《たいけん》した“野球部《やきゅうぶ》”という世界《せかい》が題材《だいざい》だったためか、考《かんが》えてた以上《いじょう》にリアルなものになってしまいました。
少年誌《しょうねんし》に載《の》せるには、テーマが重《おも》すぎて、エンターテイメントになっていないというのが敗因《はいいん》でした。
しかし、このボツネームに限《かぎ》っては、ボク的《てき》に今《いま》でも大好《だいす》きな作品《さくひん》だったりもします。未《いま》だに「これおもしろいのになぁ…。ボツったな、クソ…」などとつぶやいております。

《ナンバー》33：英雄《えいゆう》の橋《はし》!!
目《め》を背《そむ》けるな
必死《ひっし》に生《い》きた男《おとこ》の最期《さいご》だ
………
うん…
うっ…
うっ…
トクンッ!!
サスケくん…
オレは…死《し》んだのか…
うっ…
うう…
うっ…
サクラ…!?
オレは…オレは…!?
ううっ…

《ナンバー》33：英雄《えいゆう》の橋《はし》!!

フルフル
……!!
ポロ
……?
ぶわあ
ふぎゅう
ポロ
ポロ
うぐっ…
サスケくーーん!!
サスケくん
サスケくん!!
バッ
!
わぁあああ
あああああ!!
良《よ》かったのォ…
サクラ
サクラ…
痛《い》てーよ
……
あ!
ご…
ごめん…
………

ムクッ
!!
…それより… ナルトは…
それに あの… お面《めん》ヤローは… どうした?
動《うご》かないで!
ナルトは無事《ぶじ》よ!
それに あのお面《めん》の子《こ》は 死《し》んだわ…
!!
死《し》んだって ……
ナルトが やったのか…?
う… ううん…
私《わたし》も よくは 分《わ》からないけど 再不斬《ザブザ》をかばって…
…………
そうか
私《わたし》… 信《しん》じてた
さすが サスケくん! 致命傷《ちめいしょう》を 避《さ》けてたのね!!
よかったぁ…
………
いや ……

あいつ…
初《はじ》めから…
ナルトォ――ッ!!
!
サクラちゃん!!
ビクッ!
サスケくんは無事《ぶじ》よォ!!
ちゃんと生《い》きてるわァ!!
――!!
……
……
……
ハハ…

白《ハク》は…あいつはオレだけじゃない
お前《まえ》らの為《ため》にも心《こころ》を痛《いた》めながら闘《たたか》ってた…
あいつは優《やさ》しすぎた
そうか…あいつ…
ずっと気《き》にかかってはいたんだが…
サスケも無事《ぶじ》か……良《よ》かった
サスケく〜ん!
イラ
オイオイオイ…
お前《まえ》ら安心《あんしん》しすぎ!!
ガッ
ジャ
!
!!

クソ忍者《にんじゃ》どもめ…せっかくの金《かね》づるを殺《ころ》してくれちゃって……!!
お前《まえ》らもう死《し》んだよ!!
こーなったらオレら的《てき》には町《まち》を襲《おそ》って
金目《かねめ》のものぜ〜〜んぶ頂《いただ》いていくしかねーっつーの!!
そうそう!
カチャ
カチャ
Let's《レッツ》Begin《ビギン》!!
くっ…マズイな
カカシ先生《せんせい》どかーっとやっつけちゃう術《じゅつ》なんかないの?
無理《むり》だ!雷切《らいきり》に口寄《くちよ》せに写輪眼《しゃりんがん》…チャクラを使《つか》い過《す》ぎた!
!!
うわぁ
ドカ
ドカ
ドカ
ザクッ
!?

それ以上《いじょう》この島《しま》に近《ちか》づく輩《やから》は…
島《しま》の全町民《ぜんちょうみん》の全勢力《ぜんせいりょく》をもって!!
生《い》かしちゃおかねェッ!!
……
イナリ…
お前《まえ》たち…
イナリィ!!
ヘヘッ
ヒーローってのは遅《おく》れて登場《とうじょう》するもんだからね!!

クル
よーしィ！オレも加勢《かせい》するってばよ!!
スッ
影分身《かげぶんしん》の術《じゅつ》!!
ボワァン
くっ…
あの程度《ていど》なら今《いま》のチャクラでも…
スッ
…ハッタリにはなるか…

影《かげ》分《ぶん》身《しん》の術《じゅつ》!!!
カカシVer.《バージョン》
ヒィーーーッ!!!
さーあ…やるかァ!?

ドダダダダダダ
やりませェ〜ん!!
うわぁぁ 逃《に》げとけェ〜〜〜〜!!
ドボン
わぁぁぁぁぁ
ドボン
やったぁ——!!
ウオオオオオ
ボボボン
ザッ……
……終《お》わったみたいだな…
カカシ…
ああ…

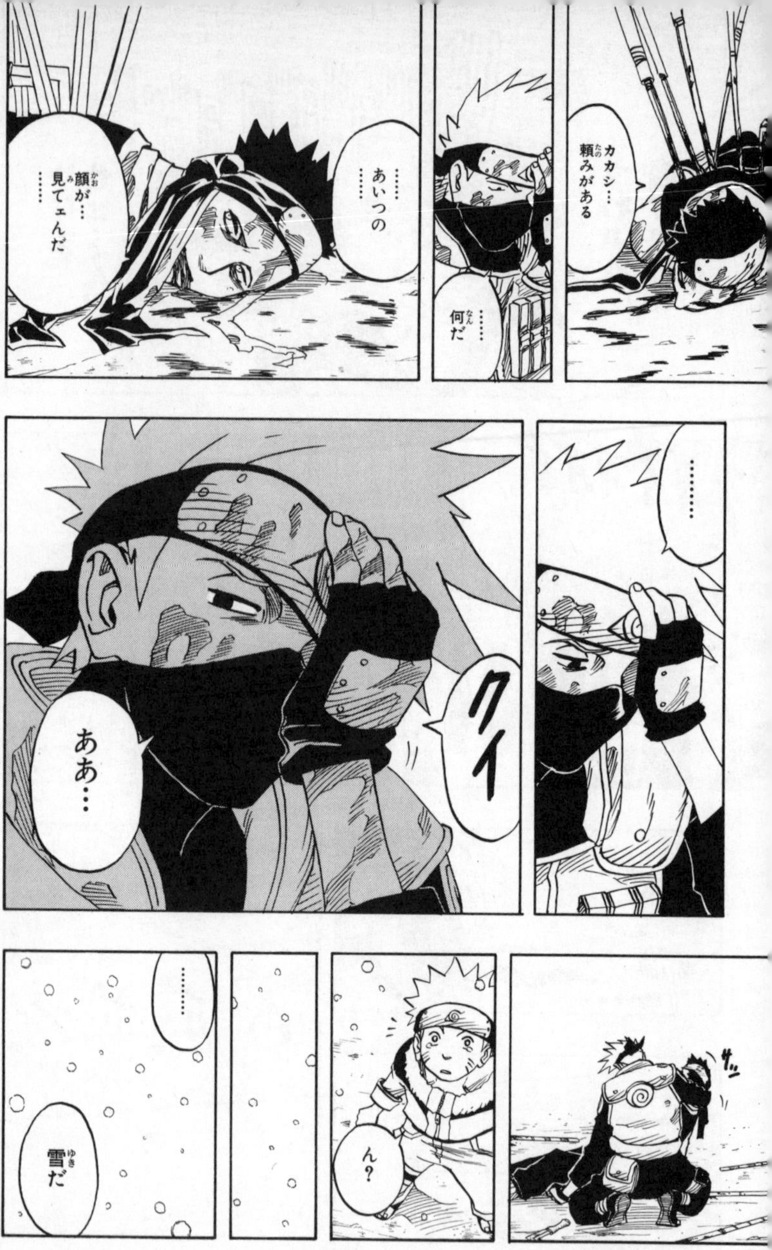
カカシ…
頼《たの》みがある
……何《なん》だ
……あいつの……
顔《かお》が…見《み》てェんだ……
………
クイ
ああ…
ザッ
ん?
……
雪《ゆき》だ

こんな時季《じき》に雪《ゆき》が…?
白《ハク》よ…
泣《な》いているのか…
…悪《わる》いな…カカシ
ずっと側《そば》にいたんだ…
せめて最後《さいご》もお前《まえ》の側《そば》で…
…できるなら…
…お前《まえ》と…
同《おな》じ所《ところ》に…
行《い》きてェなぁ…
…オレも…

ポッ
…コイツ
…雪《ゆき》の
たくさん降《ふ》る村《むら》で
生《う》まれたんだ
……
しくっ!
そうか…
…雪《ゆき》の様《よう》に
真《ま》っ白《しろ》な
少年《しょうねん》だったな
……
行《い》けるさ…
再不斬《ザブザ》…
2人《ふたり》一緒《いっしょ》に…

それから2週間《しゅうかん》
スウ…
あ 痛《い》てェ！
パチィ
アンタ 何《なに》意地《いじ》汚《きたな》いことしてんの！
キッ
へへ
バチ当《あ》たるわよ！
………
でもさァ
カカシ先生《せんせい》…
ん――？
…忍者《にんじゃ》の在《あ》り方《かた》って やっぱ この2人《ふたり》が言《い》ってた通《とお》りなのかなぁ…
忍《しのび》ってのは自分《じぶん》の存在理由《そんざいりゆう》を求《もと》めちゃあいけない……
ただ国《くに》の道具《どうぐ》として存在《そんざい》することが大切《たいせつ》……
それは木《こ》ノ葉《は》でも同《おな》じだよ…
………
本物《ほんもの》の忍者《にんじゃ》になるって 本当《ほんとう》にそういうことなのかなぁ…
なんかさ！ なんかさ！ オレってば それ やだ!!

アンタも そう思《おも》うのか？
ん――― いやな…
だから 忍者《にんじゃ》って奴《やつ》は皆《みな》 知《し》らず知《し》らず そのことに悩《なや》んで 生《い》きてんのさ…
……再不斬《ザブザ》や……
あの子《こ》のようにな…
………
よし今《いま》 決《き》めたってばよ!!
オレは オレの 忍道《にんどう》を 行《い》ってやる!!
！

おかげで 橋《はし》は無事《ぶじ》 完成《かんせい》したが…
超《ちょう》さみしく なるのォ…
お世話《せわ》に なりました
まあ!まあ! タズナの オッチャン また 遊《あそ》びに 来《く》るってばよ!
ぜったい…
ポン
フル フル
…か…
トキン!
じゃあっ…
………
イナリィ… お前《まえ》ってば さみしんだろ~~~
フルフル
泣《な》いたって いいってば よォ!
………
泣《な》くもんかァ!!
ナルトの兄《にい》ちゃんこそ 泣《な》いたっていいぞ!!
あっ そう…
クル
じゃあな ……
ザッ
あ!

ろ゛わああ
ったく ごーじょっぱりィ!
ど゛わぁ
あの少年《しょうねん》が イナリの心《こころ》を変《か》え…
イナリが 町民《ちょうみん》の 心《こころ》を変《か》えた…
あの少年《しょうねん》は 〝勇気《ゆうき》〟という名《な》の 〝希望《きぼう》〟への かけ橋《はし》をわしらに くれたんじゃ!
かけ橋《はし》か…
…橋《はし》って言《い》やぁ この橋《はし》にも 名前《なまえ》をつけんとな
そうか…
なら一つ この橋《はし》に 超《ちょう》ピッタリの 名前《なまえ》があるんじゃが
おお! どんなだ?
ナルト大橋《おおはし》 ってのは …どうだ?

フフ…いい名《な》ね
よーし！早《はや》く帰《かえ》ってイルカ先生《せんせい》に任務終了《にんむしゅうりょう》祝《いわ》いのラーメンおごってもらおーっと！
それにさ！それにさ！木《こ》ノ葉丸《はまる》にもオレの武勇伝《ぶゆうでん》きかせてやろ――――!!
じゃ私《わたし》は…ね！サスケ君《くん》里《さと》に帰《かえ》ったらデートしない？
いや断《ことわ》る
そ…そんなぁ…
あのさ！あのさ！オレってばいいよ！
うるさい！黙《だま》れ！ナルト！
何《なん》だぁ…そんな名前《なまえ》で…いいのか？
フフ…この名《な》はな…この橋《はし》が決《けっ》して崩《くず》れることのない…
そして―いつか世界中《せかいじゅう》にその名《な》が響《ひび》き渡《わた》る超有名《ちょうゆうめい》な橋《はし》になるよう…
そう願《ねが》いを込《こ》めてな…

ナンバー
34：侵入者《しんにゅうしゃ》!?
忍
チュン
チュン
縁招
木葉茶通り

ぶあ〜
牛乳
野菜をたべよう
モグ
モグ
ゴク
ゴク
カチャ
ダッ
うらぁ!! 今日《きょう》も 任務《にんむ》バリバリ やってやるってばよォ!!
うおォオぉおお!! マッハ5———!!!

あ!
グッ!モーニーン!!サクラちゃん!!
!
イラ
!
……
……
ザッ
……
フン!
あ〜〜まただわ!この2人《ふたり》…波《なみ》の国《くに》から帰《かえ》って来《き》てからちょっと変《へん》なのよね…
う〜〜何《なん》だか気詰《きづ》まり……
?
しゃーんなろ〜
内なるサクラ
早《はや》く来《こ》い来《こ》い!カカシ先生《せんせい》!!しゃーんなろーー!!
……

三時《じ》間《かん》たったころ…
やー 諸君《しょくん》 おはよう!
今日《きょう》は道《みち》に迷《まよ》ってな……
いつも真顔《まがお》で大《おお》ウソつくなっ!!!
たいがいにしろ!
忍者失格だってばよ—!!
あのさ! あのさ! カカシ先生《せんせい》さぁ! オレら7班《はん》 最近《さいきん》カンタンな任務《にんむ》ばっかじゃん!?
ゴゴゴ
オレがもっと活躍《かつやく》できる何《なん》かこう もっと熱《あつ》いのねーの!? こう オレの忍道《にんどう》をこう!! 心《こころ》をこうさぁ…!!!
あー ハイハイ……
いーたいことは大体《だいたい》分《わ》かったから…
くっそォ〜 コイツってば どの任務《にんむ》もオレにカリばっか作《つく》らせて いいとこ持《も》っていきやがってェ〜〜〜…… 負《ま》けねーぞ!!
ニコッ
今日《きょう》こそは……!!
ボロボロ
う〜
ハァ
ハァ
ザッ!
フッ… まったく世話《せわ》のやける奴《やつ》だってばよ!
とか言《い》いたい!!
オイ! ナルト 何《なに》やってる 任務《にんむ》行《い》くぞー!
オッス!!!
アンタさっきからうるさいわよ!

日公開
ついに映画化 R指定
イチャイチャパラダイス
本日任務終了《ほんじつにんむしゅうりょう》
ボコ
ボコ
フ〜〜〜
もう
ムチャする
からよォ!
フッ
ったく 世話《せわ》の
やける奴《やつ》だな
!
カチーーーン
ピク
ムッキィーーー!!
ザズゲーー!!
これ以上《いじょう》
暴《あば》れたら
とどめさす
わよ!
……
フン
ん――……
最近《さいきん》
チームワークが
乱《みだ》れてるなぁ…
そーだ! そーだ!
チームワーク
乱《みだ》してんのは
テメーだよサスケ!!
いつも出《で》しゃばり
やがって!!
そりゃ お前《まえ》だ
ウスラトンカチ
そんなに オレに
カリを作《つく》りたく
ねーならな…

オレより
強《つよ》くなりゃいーだろが
!!
なーんか昔《むかし》より仲悪《なかわる》くなったわね…
ちくしょうイラつくぜ…
外《そと》にはオレより強《つよ》い奴《やつ》がゴロゴロいやがるってのにこんな任務《にんむ》ばかりちんたらと…
ピィーヒョロロー
!
ポカ

さーてと！
そろそろ
解散《かいさん》にするか
オレは
これから この任務《にんむ》の
報告書《ほうこくしょ》を提出《ていしゅつ》
せにゃならん…
……なら
帰《かえ》るぜ
ザッ
！
あ！
ねー！
サスケ君《くん》
待《ま》ってー！
………
ねェ あのねェ…
これからぁー♡
ダッ
あ！
私《わたし》と2人《ふたり》でェー♡
チームワーク
深《ふか》めるってのは
――
お前《まえ》も
ナルトと同《おな》じだな
オレに構《かま》う
暇《ひま》があったら
術《じゅつ》の一つでも
練習《れんしゅう》しろ
ナルトと同じ！
内なるサクラ
ズーン
はっきり言《い》って
お前《まえ》の実力《じつりょく》は
ナルト以下《いか》だぞ
ナルト以下
しゃーんなろー!!!
内なるサクラ
ズーン

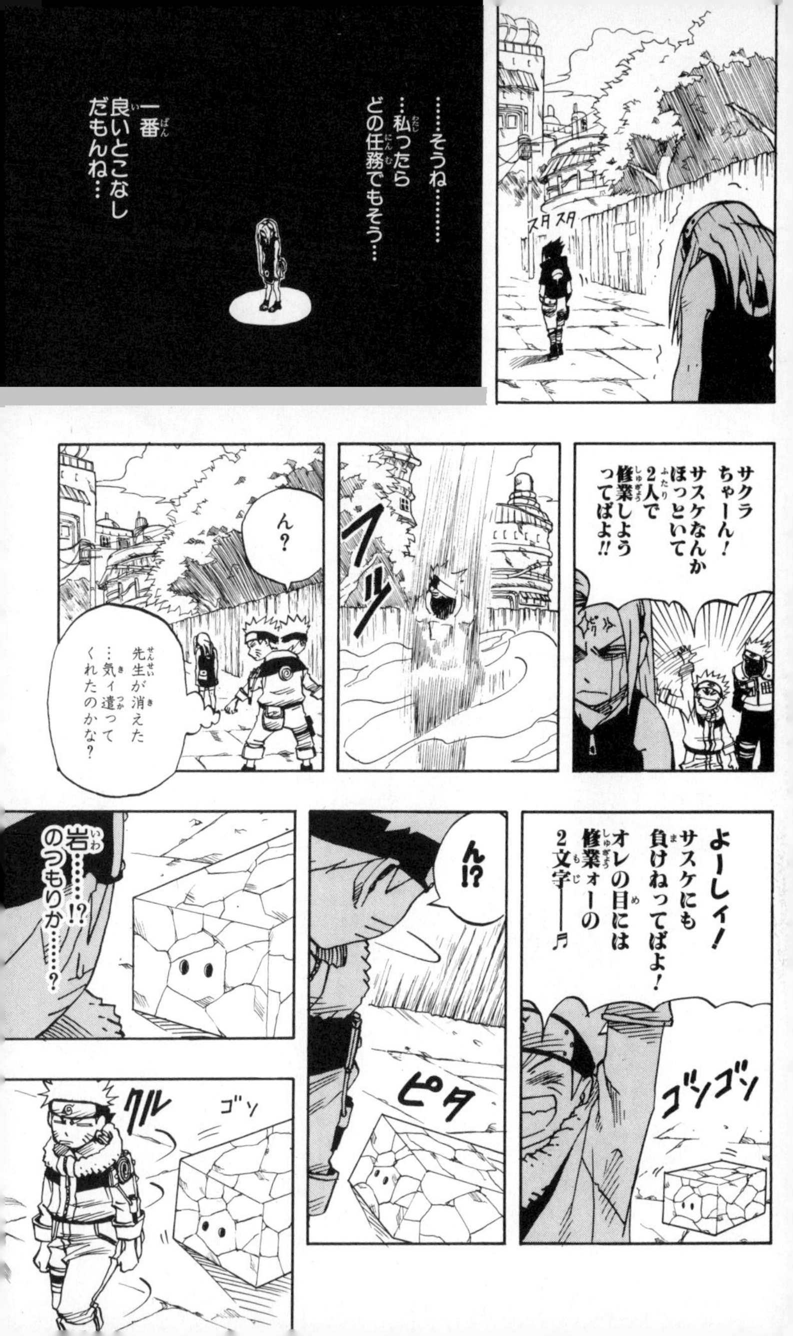

スタスタ
……そうね………
…私《わたし》ったら
どの任務《にんむ》でもそう…
一番《ばん》
良《い》いとこなし
だもんね…
サクラちゃーん! サスケなんかほっといて 2人《ふたり》で修業《しゅぎょう》しようってばよ!!
ピク
フッ
ん?
先生《せんせい》が消《き》えた …気《き》ィ遣《つか》って くれたのかな?
よーしイ! サスケにも負《ま》けねってばよ! オレの目《め》には修業《しゅぎょう》オーの2文字《もじ》―――♬
ゴンゴン
ん!?
ピタ
岩《いわ》……!?
のつもりか……?
クル
ゴッ

——と！ 前《まえ》を向《む》くと見《み》せかけてフェイント!!
バッ
ビク
イテ
ゴソ
そんな真四角《ましかく》で適度《てきど》な穴《あな》が2つ開《あ》いてる岩《いわ》があるかァ!!
バレバレだっつーの!!
うんしょ うんしょ
……
さすがオレの見込《みこ》んだ男《おとこ》！ オレのライバルなんだな コレ!!
なんだぁ 木ノ葉丸《こはまる》たちか…
ん!? なんだ お前《まえ》ら…ゴーグルなんかしちゃってさ…
へへへェ 昔《むかし》の兄《にい》ちゃんマネしちゃったのさ コレ！

ふ〜〜〜ん
ふ〜〜〜んって コレ!!
なんか最近《さいきん》兄《にい》ちゃんリアクションつめたいぞォ!!
!
——で何《なに》か用《よう》なのか?
あのね!
リーダー!これからヒマ?
ホラなつめたい
ん〜〜〜ん!
これから修業《しゅぎょう》ォ——!!
ビシィ
えェ〜〜〜!!
今日《きょう》は忍者《にんじゃ》ゴッコしてくれるって言《い》ったじゃあん!!!
コレェー!!
あ…ハハそうだっけかなぁ……
こいつらと遊《あそ》ぶと一日中《にちじゅう》付《つ》き合《あ》わされるってばよ…
ドヨ〜ン
フン…忍者《にんじゃ》が忍者《にんじゃ》ゴッコしてどーすんのよ…
テクテク
………

！
ジーーー
それにしても
コイツ以下《いか》
……
な…
何《なん》でしょう
？
兄《にい》ちゃん
この姉《ねえ》ちゃん
誰《だれ》？
そんなに
見《み》つめられると
てれちゃうって
ばよ！
ずっと兄《にい》ちゃんの
こと食《く》い殺《ころ》す
ような目《め》で見《み》て
るな コレ…
ポン
兄《にい》ちゃんも
スミにおけ
ないなぁ
ポフ
は？
あいつって
兄《にい》ちゃんの…
!!
ピッ
コ・レ

へへへ
も――――！
君達《きみたち》はガキのわりにスルドイ……………
ちが――う!!!
ガッ
ザッ
ドッ
兄《にい》ちゃん!!
ドガッ
な…なんてことすんだコレ!!
ヤダァー リーダー!! 死《し》んじゃやだー!!
う～
このブース！ブース!!
ゴ
ゴ
内なる サクラ
ブチ

では 確《たし》かに 預《あず》かりました
……
ナルトの奴《やつ》…
仲間《なかま》とうまくやれてますか?
ま! ぼちぼちね!
最近《さいきん》忙《いそが》しくて……
ポリ
まだ帰《かえ》って来《き》て一度《いちど》も会《あ》えてませんから…ちょっと心配《しんぱい》で……
イルカ先生《せんせい》も御存知《ごぞんじ》の通《とお》り あの うちはサスケも一緒《いっしょ》なんで ライバル視《し》してはギクシャクしてますけど…
結果《けっか》として実力《じつりょく》はバリバリに伸《の》びてますよ… 尊敬《そんけい》するアナタに追《お》いつくぐらいに…!
……!
そうですか!

フン
スタ スタ
プシュ～～～
木《こ》ノ葉《は》丸君《まるくん》大丈夫《だいじょうぶ》？
!!
…ったく あのブスデコぴかちん…アレで女《おんな》かよマジでコレ…ねェ 兄《にい》ちゃん!!
イッテー!
ピタ
ドタタタタタ
ぎゃあああああ!!
ドカッ!
イテッ!

いてーじゃん……
ドン
!!

ピーヒョロー…
!
ハァ
ハァ
ハァ
何《なに》かしら…
チィ…今《いま》すぐかよ…
ボリボリ

木《こ》ノ葉丸《はまる》!!
ぐっ
いてーじゃん くそガキ!
やめときなって! 後《あと》でどやされるよ!
ごめんなさい 私《わたし》がふざけてて……
なんなの この人達《ひとたち》……
こら デブ! その手《て》を放《はな》せってばよ!!
フン…こいつら 木《こ》ノ葉《は》の下忍《げにん》ってとこじゃん………

うるせーのが来《く》る前《まえ》にちょっと遊《あそ》んでみたいじゃん…
ぐ…うっ…
グッ
てめー!!
ザッ
キッ
クイ
うわあっ!!
?
何《なん》だ…今《いま》の?
なんだ弱《よわ》いじゃん
木《こ》ノ葉《は》の下忍《げにん》ってのはよォお!
こ…こいつらって国外《こくがい》の……
何《なん》でこんなとこに…

招集《しょうしゅう》をかけたのは他《ほか》でもない
この面子《メンツ》の顔《かお》ぶれでもう分《わ》かると思《おも》うが
もう そんな時期《じき》ですかね……
既《すで》に他国《たこく》には報告済《ほうこくず》みなんですよね
里《さと》でちらほら見《み》ましたから
――でいつです
一週間後《いっしゅうかんご》だ………
そりゃ また急《きゅう》ですね
では…正式《せいしき》に発表《はっぴょう》する
――今《いま》より7日後《かご》7の月《つき》1日《ついたち》をもって
中忍選抜試験《ちゅうにんせんばつしけん》を始《はじ》める!

🐾《ナンバー》35：
イルカVS《バーサス》カカシ!?

木《こ》ノ葉丸《はまる》ちゃん!!
木《こ》ノ葉丸君《はまるくん》!!
く…苦《くる》しい…コレ…
こら!この黒《くろ》ブタ!!
そいつを放《はな》さないとこのオレが許《ゆる》さないぞ!!デブ!バカ!!
バカはアンタよ!
相手《あいて》あおってどーすんのよ!
ガッ
ぐっ!!
ムカつくじゃん……お前《まえ》…
!

オレ… 大体《だいたい》
チビって
大嫌《だいきら》いなんだ…
グッ
ぐっ…
おまけに年下《としした》の
クセに生意気《なまいき》で…
殺《ころ》したくなっちゃうじゃん
……
なっ…
!!
あーあ
私《わたし》…
知《し》らねーよ…
てつめ——!!
何《なん》なの
コイツ…
ヤバい…!
グッ
ギュ
ま♥
このドチビの後《あと》は
そこのうるさい
チビね!!
!!
この……!!
ガッ

コッ
コ
ド
サ
わっ!
くっ…!
よそんちの里《さと》で
何《なに》やってんだ
てめーは
サスケくーん!!
あ!
……!!
結構《けっこう》いい男《おとこ》じゃない…

さて…
まず
新人《しんじん》の下忍《げにん》を
担当《たんとう》している者《もの》から
前《まえ》に出《で》ろ
カカシに
紅《くれない》に
アスマか…
どうだ…
お前《まえ》たちの手《て》の者《もの》に
今回《こんかい》の
中忍《ちゅうにん》選抜《せんばつ》試験《しけん》に
推《お》したい下忍《げにん》は
いるかな?

言《い》うまでもないことだが…
形式上《けいしきじょう》では最低《さいてい》8任務《にんむ》以上《いじょう》をこなしている下忍《げにん》ならば…
あとはお前達《まえたち》の意向《いこう》で試験《しけん》に推薦《すいせん》できる
まぁ… 通例《つうれい》その倍《ばい》の任務《にんむ》をこなしているのが相応《そうおう》じゃがな
聞《き》くまでもない…アイツらにはまだ 早《はや》すぎる
じゃあカカシから…
カカシ率《ひき》いる第《だい》7班《はん》うちはサスケうずまきナルト春野《はるの》サクラ… 以上《いじょう》3名《めい》
はたけカカシの名《な》をもって中忍《ちゅうにん》選抜《せんばつ》試験《しけん》受験《じゅけん》に推薦《すいせん》します

なに!?
紅《くれない》率《ひき》いる第《だい》8班《はん》 日向《ひゅうが》ヒナタ・犬塚《いぬづか》キバ 油女《あぶらめ》シノ 以上《いじょう》3名《めい》
夕日紅《ゆうひくれない》の名《な》を もって 左《ひだり》に同《おな》じ
アスマ第《だい》10班《ばん》 山中《やまなか》いの 奈良《なら》シカマル 秋道《あきみち》チョウジ 以上《いじょう》3名《めい》
猿飛《さるとび》アスマの名《な》を もって 左《ひだり》に同《おな》じ
……ふむ… 全員《ぜんいん》とは 珍《めずら》しい…
ちょ… ちょっと 待《ま》って下《くだ》さい!!
なんじゃ イルカ?
火影様《ほかげさま》 一言《ひとこと》言《い》わせて 下《くだ》さい!!

さしでがましいようですが今《いま》名《な》を挙《あ》げられた9名《めい》の内《うち》のほとんどは…
学校《アカデミー》で私《わたし》の受《う》け持《も》ちでした
確《たし》かに皆《みな》才能《さいのう》ある生徒《せいと》でしたが試験受験《しけんじゅけん》は早《はや》すぎます
あいつらにはもっと場数《ばかず》を踏《ふ》ませてから…
上忍《じょうにん》の方々《かたがた》の推薦理由《すいせんりゆう》が分《わ》かりかねます
私《わたし》が中忍《ちゅうにん》になったのはナルトより6つも年下《としした》の頃《ころ》です
ナルトはアナタとは違《ちが》う!
アナタはあの子達《こたち》をつぶす気《き》ですか!?
中忍試験《ちゅうにんしけん》とは別名《べつめい》……
大切《たいせつ》な任務《にんむ》にあいつらはいつもグチばかり…一度《いちど》痛《いた》い目《め》を味《あじ》わわせてみるのも一興《いっきょう》…
つぶしてみるのも面白《おもしろ》い…
な…何《なん》だと!?

…とまぁ これは 冗談《じょうだん》として… イルカ先生《せんせい》…
あなたの 言《い》いたいことも 分《わ》かります 腹《はら》も立《た》つでしょう しかし…
ぐっ…
カカシ… もう やめときなって…
口出《くちだ》し 無用《むよう》！
アイツらは もう アナタの生徒《せいと》じゃない ……今《いま》は……
私《わたし》の部下《ぶか》です
………
…ったく めんどくせー 奴《やっ》らだな
……

タッ
クッ…ムカつくガキがもう一人《ひとり》…
失《う》せろ
キャーカッコイイ――!!
ナルト兄《にい》ちゃんカッコ悪《ワ》り~~~~信じてたのにコレ!

バ…バカ!! あんなヤツ オレだって すぐ やっつけてた ってばよ!!
フン
サスケの野郎《やろう》!! なんで てめーは いつも こう でしゃばんだってばよ!!
おい… ガキ 降《お》りてこいよ!
オレは お前《まえ》 みたいに利口《りこう》ぶった ガキが 一番《いちばん》 嫌《きら》いなんだよ…
おい カラスまで 使《つか》う気《き》かよ
トン
カンクロウ やめろ
!!

里《さと》の面《ツラ》汚《よご》しめ…

ガ…我愛羅《ガアラ》
こいつ…いつの間《ま》にオレの隣《となり》に………！
………カカシ並《な》みの抜《ぬ》き足《あし》だぜ…
喧嘩《ケンカ》で己《おのれ》を見失《みうしな》うとはあきれ果《は》てる…
何《なに》しに木《こ》ノ葉《は》くんだりまで来《き》たと思《おも》っているんだ………
聞《き》いてくれ…我愛羅《ガアラ》こいつらが先《さき》につっかかってきたんだ…！

黙《だま》れ…
殺《ころ》すぞ
ビク
わ…分《わ》かった
オレが悪《わる》かった
ご…ご…
ゴメンね…
ホントゴメン
こいつが頭《あたま》か…
嫌《イヤ》な目《め》をして
やがる
君達《きみたち》
悪《わる》かったな
!!
あのカンクロウに
いとも簡単《かんたん》に
石《いし》つぶてを
当《あ》てるとは…
できるな…
コイツ

！
どうやら早《はや》く着《つ》きすぎたようだが
フッ
オレ達《たち》は遊《あそ》びに来《き》たわけじゃないんだからな…
分《わ》かってるって…
行《い》くぞ
ちょっと待《ま》って！
！
何《なん》だ？
砂隠《すながく》れの里《さと》の忍者《にんじゃ》よね…
額当《ひたいあ》てから見《み》てあなたたち…
確《たし》かに木ノ葉《うち》の同盟国《どうめいこく》ではあるけれど…
両国《りょうこく》の忍《しのび》の勝手《かって》な出入《でい》りは条約《じょうやく》で禁《きん》じられているはず…
目的《もくてき》を言《い》いなさい！
場合《ばあい》によってはあなた達《たち》をこのまま行《い》かせるわけにはいかないわ…

…フン！灯台下暗《とうだいもとくら》しとはこのことだな
ハイ！通行証！
何《なに》も知《し》らないのか？
！
お前《まえ》のいうとおり私達《わたしたち》は砂隠《すながく》れの下忍《げにん》…
中忍選抜試験《ちゅうにんせんばつしけん》を受《う》けにこの里《さと》へ来《き》た
………
中忍選抜《ちゅうにんせんばつ》試験《しけん》…？
本当《ほんとう》に何《なに》も知《し》らないんだな…中忍選抜試験《ちゅうにんせんばつしけん》とは…砂《すな》・木《こ》ノ葉《は》の隠《かく》れ里《ざと》とそれに隣接《りんせつ》する小国内《しょうこくない》の中忍《ちゅうにん》を志願《しがん》している優秀《ゆうしゅう》な下忍《げにん》が集《あつ》められ行《おこな》われる試験《しけん》のことだ…
何《なん》で一緒《いっしょ》にやんの？
合同《ごうどう》で行《おこな》う主《しゅ》たる目的《もくてき》は同盟国同士《どうめいこくどうし》の友好《ゆうこう》を深《ふか》め忍《しのび》のレベルを高《たか》めあうことがメインだとされるが その実《じつ》隣国《りんごく》とのパワーバランスを保《たも》つ事《こと》が各国《かっこく》の緊張《きんちょう》を…

木《こ》ノ葉丸《はまる》ってばよ！オレも中忍選抜《ちゅうにんせんばつ》試験《しけん》ってのに出《で》てみよーかなぁ!!?
てめー！質問《しつもん》しといてこのヤロー最後《さいご》まで聞《き》けー！
サッ
おい！そこのお前《まえ》…名《な》は何《なん》て言《い》う？
え？
わ…私《わたし》か？
違《ちが》う！その隣《となり》のひょうたんだ
………
！
！
………
砂瀑《さばく》の我《ガ》愛《ア》羅《ラ》…
！
…オレもお前《まえ》に興味《きょうみ》がある……名《な》は？

うちはサスケだ…
ウズ…
あのさ！あのさ！オレは？オレは？
興《きょう》味《み》ない…
行《い》くぞ!!
……
クル

ザッ
ザッ
ザッ
フン！面白《おもしろ》くなってきたぜ
木《こ》ノ葉丸《はまる》オレってば弱《よわ》そうに見《み》える？
しゅん
サスケの兄《にい》ちゃんよりはね！コレ！
サスケ!!てめーにゃあ負《ま》けねーーぞ!!!
急《きゅう》に何《なん》だてめーは！
どう思《おも》う
まあ…大《たい》したこと無《な》いけどさ
木《こ》ノ葉《は》の黒髪《くろがみ》と砂《すな》のひょうたん……
あの2人《ふたり》は要《よう》チェックだよ

[岸本斉史《きしもとまさし》の ちょっとどーでもいい話《はなし》っぽい話《はなし》]

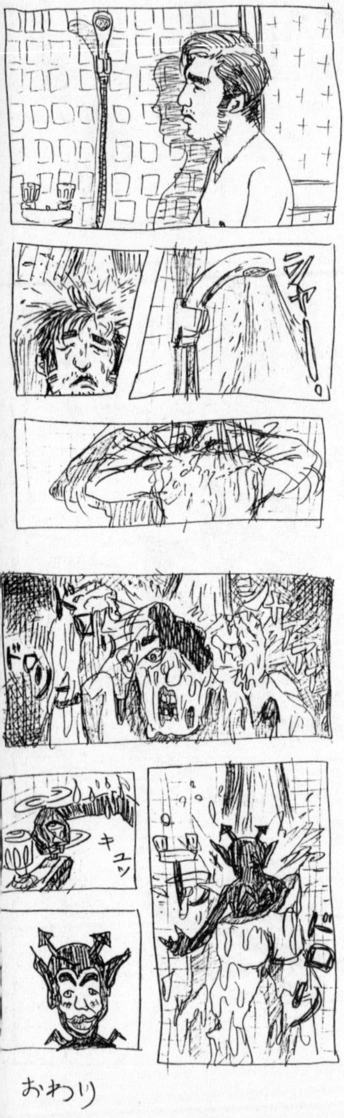

この左《ひだり》にある8コマのマンガはボクが大学時代《だいがくじだい》にある友人《ゆうじん》(小石君《こいしくん》という)に描《か》いてもらったちょっとした思《おも》い出《で》があるマンガである。
ボクは高校時代《こうこうじだい》からマンガを描《か》いていたがマンガ描《か》き友達《ともだち》は一人《ひとり》もいなかったのである。大学時代《だいがくじだい》マン研《けん》というマンガ描《か》き集団《しゅうだん》がいるのは知《し》っていたが、その人達《ひとたち》はマンガを描《か》いているのではなくイラストを描《か》いて喜《よろこ》び合《あ》っていてホントのマンガ描《か》き集団《しゅうだん》ではなかった。だから、ウソマンガ描《か》きには近寄《ちかよ》らないようにしていた。いつも一人《ひとり》でマンガを描《か》いていた。
そんなある日《ひ》、ある男《おとこ》に出会《であ》った。高《こう》校時代《こうじだい》、ホントのマンガを描《か》いていたと語《かた》る奴《やつ》だ。しかしボクは、そいつがホントマンガ描《か》きかどうか疑《うたが》ってかかった。ホントマンガ描《か》きか、ウソマンガ描《か》きかを確《たし》かめる必要《ひつよう》があったのだ。そこでボクはあることをそいつに要求《ようきゅう》した。「今《いま》すぐ2P《ページ》のマンガをボクの為《ため》に描《か》いてくれ」と。すると左《ひだり》のマンガを描《か》いてボクにくれた。ボクにとって初《はじ》めて他人《たにん》のマンガを間近《まぢか》で見《み》たうれしい瞬間《しゅんかん》だった。今《いま》でも大切《たいせつ》に手元《てもと》に置《お》いているのである。

ナンバー36：サクラの憂鬱《ゆううつ》!!
オイ…おいおいおい聞《き》いたかよ
今度《こんど》の中忍試験《ちゅうにんしけん》…5年《ねん》ぶりにルーキーが出《で》てくるって話《はなし》
まさかぁ!
どうせ上忍《じょうにん》の意地《いじ》の張《は》り合《あ》いかなんかでしょ…
クルクル
いや…その内《うち》の3人《にん》はあのカカシの部隊《ぶたい》だっていう話《はなし》だぜ
面白《おもしろ》いなそれ…
パシ
まぁいずれにしても——
シュ
ガ

可哀相《かわいそう》な話《はなし》だがな…
ナンバー36：
サクラの憂鬱《ゆううつ》!!

ダルー
は～～～あ
もう!
ねェ!ねェ!ねェ!!
こんなことが許《ゆる》されていいワケぇ!?
何《なん》であの人《ひと》は自分《じぶん》で呼《よ》び出《だ》しといて常《つね》に人《ひと》を待《ま》たせるのよ!!
そーだ! そーだ! サクラちゃんの言《い》う通《とお》りだってばよォ!!
ダー
寝坊《ねぼう》したからってブローをあきらめて来《く》る乙女《おとめ》の気持《きも》ちどうしてくれんのよ!!
⇒ここらへん
そーだ! そーだぁ!
オレなんか寝坊《ねぼう》したから
顔《かお》も洗《あら》ってないし歯《は》も磨《みが》けなかったんだってばよ!!
朝《あさ》っぱらから何《なん》でこんなにハイテンションなんだコイツら…
イラ イラ イラ
あんた…それは汚《きたな》いよ…
エへ…

やあ！お早《はよ》う諸君《しょくん》!!
!!
今日《きょう》はちょっと人生《じんせい》という道《みち》に迷《まよ》ってな……
ハイ！嘘《うそ》ッ!!
ちっとは反省《はんせい》しろ！
ま！なんだ…
いきなりだが
お前達《まえたち》を中忍選抜《ちゅうにんせんばつ》試験《しけん》に推薦《すいせん》しちゃったから
どーん
え!?
……
！
何《なん》ですって～～～!!
そんなこと言《い》ってもごまかされ……
志願書《しがんしょ》だ
スッ

カカシ先生《せんせい》大好《だいす》き——っ!!
バッ
おい よせ 離《はな》れろって……
……
へへへへ
…と いっても 推薦《すいせん》は 強制《きょうせい》じゃあない
受験《じゅけん》するか しないかを 決《き》めるのは お前達《まえたち》の 自由《じゆう》だ
受《う》けたい者《もの》だけ その志願書《しがんしょ》に サインして 明日《あした》の午後《ごご》 4時《じ》までに 学校《がっこう》の301に 来《く》ること
以上《いじょう》!
サッ!

むっふっふっふーん
中忍《ちゅうにん》試験《しけん》！
中忍《ちゅうにん》試験《しけん》！
テク
テク
強《つよ》いヤツがたくさん出《で》てくるんだろうなぁ……
例《たと》えばアイツ!!
ピッ
それにコイツ!!
クル
キッ
！
よーーしィ!! ぜってー誰《だれ》にも負《ま》けねエってばよ!!
ここで優勝《ゆうしょう》とかすれば……
間違ってる男
ワァ
アア
火影《ほかげ》への道《みち》もスグだってばよ!!
キィ
2
ふう……やっぱりもう火影《ほかげ》は…ナルトに決定《けってい》じゃわい…
老《お》いぼれはとっとと引退《いんたい》じゃ！
イエ〜〜〜イ
シシシ

………
………アイツと
闘《たたか》えるかも
しれない…
ゾク
フン！
……
るんるんる〜ん
………
私《わたし》…
イヤだ…
…サスケ君《くん》…
ナルトにすら
ついて行《い》けないのに…
…中忍《ちゅうにん》選抜《せんばつ》試験《しけん》
なんて…

次《つぎ》の日《ひ》
酒酒屋
サクラちゃん オ～～～ス!!
冷し中華 はじめました
アルバイト ぼしゅう中
よろこんで!!
う…うん! オハヨ…
……
………
サクラの奴《やつ》…
何《なに》か 変《へん》だな……
え―! ここに名前 書くの?
アンタ 字 読めないの?
忍者アカデミー
忍
ザワザワ

ふ〜〜〜〜ん
そんなんで中忍《ちゅうにん》試験《しけん》受《う》けようっての？
やめた方《ほう》がいいんじゃないボクたち
ケツの青《あお》いガキなんだからよォ…
ズズッ
そうそう！
お願《ねが》いですから…そこを通《とお》して下《くだ》さい
テクテク
301
ドカ
!!
うっ
……ひでぇ…！

何《なん》だって？
いいか!?
これはオレたちの優《やさ》しさだぜ…
中忍《ちゅうにん》試験《しけん》は難関《なんかん》だ …かくいうオレたちも 3期連続《きれんぞく》で合格《ごうかく》を逃《のが》してる
この試験《しけん》を受験《じゅけん》したばっかりに 忍《しのび》をやめていく者《もの》… 再起不能《さいきふのう》になった者《もの》… オレたちは何度《なんど》も目《め》にした
!!
ガヤ ガヤ
それに中忍《ちゅうにん》っていったら部隊《ぶたい》の隊長《たいちょう》レベルよ
任務《にんむ》の失敗《しっぱい》 部下《ぶか》の死亡《しぼう》 ……それは全《すべ》て隊長《たいちょう》の責任《せきにん》なんだ
それをこんなガキが……
ズズッ

どっちみち受《う》からないものをここでフルイにかけて何《なに》が悪《わる》い!!
正論《せいろん》だな……だが
オレは通《とお》してもらおう
そして この幻術《げんじゅつ》でできた結界《けっかい》をとっとと解《と》いてもらおうか……
オレは3階《かい》に用《よう》があるんでな
ザッ
なに言《い》ってんだアイツ…
さあ?
……!
ホウ…
気付《きづ》いたのか…キサマ!?

サクラ どうだ!?
お前《まえ》なら 一番《ばん》に気付《きづ》いてる はずだ…
え…？
お前《まえ》の分析力《ぶんせきりょく》と 幻術《げんじゅつ》のノウハウは ……
オレ達《たち》の班《はん》で 一番《ばん》伸《の》びてる からな
………
サスケ君《くん》…
………
？
…ありがと…
フフ
…もちろん とっくに気付《きづ》いてる わよ
だって ここは 2階《かい》じゃない

201
30!
うん！
ふ〜〜ん…
なかなかやるねェ
でも…
見破《みやぶ》っただけじゃあ…
ズズッ
ねえっ!!
!!
!!

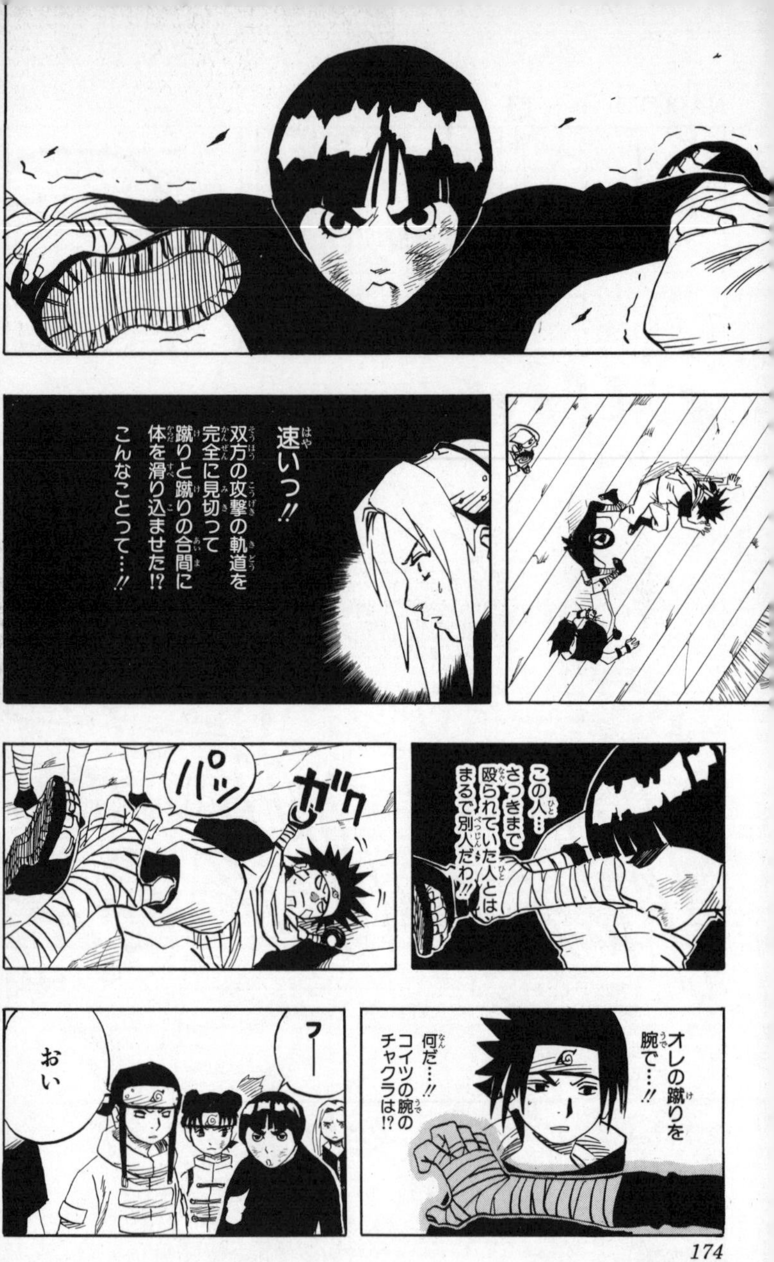
速《はや》いっ!!
双方《そうほう》の攻撃《こうげき》の軌道《きどう》を完全《かんぜん》に見切《みき》って蹴《け》りと蹴《け》りの合間《あいま》に体《からだ》を滑《すべ》り込《こ》ませた!?
こんなことって…!!
この人《ひと》…さっきまで殴《なぐ》られていた人《ひと》とは、まるで別人《べつじん》だわ!!
ガク
パッ
オレの蹴《け》りを腕《うで》で…!!
何《なん》だ…!! コイツの腕《うで》のチャクラは!?
フー
おい

お前《まえ》 約束《やくそく》が 違《ちが》うじゃないか
下手《へた》に注目《ちゅうもく》されて 警戒《けいかい》されたくないと 言《い》ったのは お前《まえ》だぞ
……だって
!
ポッ
……これだわ
ガッツ
!? …こいつら 打《う》たれた跡《あと》が 消《き》えてやがる ……
テクテク
あの ──
!
ボクの名前《なまえ》は ロック・リー
サクラさんと いうんですね…

ボクとお付《つ》き合《あ》いしましょう!!
キラ〜ン
死《し》ぬまでアナタを守《まも》りますから!!
ぜったい…
イヤ…
あんた濃《こ》ゆい…
ガク
おいそこのお前《まえ》…
名《な》乗《の》れ……

くっそーー!!
またかよーー!!
サスケばっかし!!
人《ひと》に名《な》を聞《き》く時《とき》は自分《じぶん》から名乗《なの》るもんだぜ…
お前《まえ》ルーキーだな…歳《とし》いくつだ?
答《こた》える義務《ぎむ》はないな…
クル
クル
やれやれ…バケモン揃《ぞろ》いだぜ…
中忍試験はよ…
フフッ…かーわいい!
あーあノーマークかぁ…
ガク

クククッ… あれが カカシと ガイの秘蔵《ひぞう》っ子《こ》って ガキたちか… まぁ とりあえず 志願書提出《しがんしょていしゅつ》は通過《パス》 ってとこだな…
ああ
ボン
今年《ことし》の受験生《じゅけんせい》は 楽《たの》しめそうだな…
ズズッ
オレたち 試験官《しけんかん》としても ね…
さあ! サスケ君《くん》 ナルト 行《い》くわよ!!
引っぱるな
エヘヘ
ズーン
リー 行《い》くわよ 何《なに》やって んの?
……

君達《きみたち》は先《さき》に
…行《い》っててくれ
僕《ボク》には
ちょっと確《たし》かめたい
ことがある
目《め》つきの悪《わる》い君《きみ》
ちょっと
待《ま》ってくれ!
!
!!
!!
げっ!!
何《なん》だ?
今《いま》 ここで――
僕《ボク》と勝負《しょうぶ》
しませんか

■ジャンプ・コミックス

NARUTO -ナルト-

4 英雄の橋!!

2000年10月9日　第1刷発行
2002年2月20日　第8刷発行

著者　岸本斉史

編集　ホーム社
東京都千代田区一ツ橋2丁目5番10号
〒101-8050
電話 東京 03（5211）2651

発行人　山路則隆

発行所　株式会社 集英社
東京都千代田区一ツ橋2丁目5番10号
〒101-8050
電話 東京 03（3230）6233（編集）
03（3230）6191（販売）
03（3230）6076（制作）

Printed in Japan

印刷所　共同印刷株式会社

ISBN4-08-873026-7　C9979

躍進めざましいジャンプの新刊コミックスは、毎月4日ごろ発売です。